トリペと6

てんてこしまい

コンドウアキ

Contents

私

育児と仕事に
日々追われる、
寝ることが何より好きな母。
キャラクターデザイナー。

タロウイチ

普段は温厚だが
ここぞというときは
ビシッと締める父。
フリーデザイナー。

トリペ

コンドウ家の長女。
妹ラブ♡な4歳。
今回、ある習い事に
挑戦することに…。

モッチン

産まれて間もない
コンドウ家の次女。
ふとんとおにぎりと
プールが好き。

はじめに

おねえちゃんゴコロがすくすく育つトリペ。
動いて、しゃべって、ぐんぐん大きくなるモッチン。

4人家族となって、ますますにぎやかなコンドウ家に
今回はさまざまな困難が…。

季節とともにめぐる、笑いと涙のエピソードの数々を
お楽しみください。

第1章

コンドウ家、試練の日々…

1．4歳になりました

もう
お父ちゃん
1人でいくぞっ
うかれすぎて
おかしくなっている

朝からハイテンション!!

今日は4歳のおたん生日です

好きな食べものは
なんですか
ぶどう
です
好きなあそびは
なんですか？
つみき
です

保育園でおたん生日会を
やってもらってる間…

そーー…

はーははは
先にのって
やったぞー!!
アテレコ
キリッ

おじいちゃんおばあちゃんからの
プレゼントに先にのるモッチン…

フフフフ
お姫さま
みたいだわね…
よ…
よかったね…

特別にあわ風呂にも入り
大満足のトリペであった…

ボツッ…
いいか…？
モッチンがジッと
しているのは今だけだ…
今この瞬間だけだ…
お忘れか…？
先パイの姿を…
をーっっっ
あー
ビリー
あ〜
ガシッ
ねぶり
ねぶり

また
転園？
99分
トリペクラス
空きナシ!!
0歳アリの園
うっくー
モッチーン
別々の園？
もう一体
どうしたら…
…そもそもトリペの
園、0オラけつけて
ないんだよなー

問題は山積み…

2. 悩める母…

ん〜〜〜っっ
バリ
バリ
バリ
バリ
現実から
逃げていた

そろそろ本腰入れて
モッチンの保育園希望を
役所に出す時期です

ラブリー♡
うっくーん
うっ
笑顔が
まぶしい…

2人目だから預けるのに
慣れるかといえばそうでもなく

夫と2人で協力して
仕事へらせばっ
ねっ
どうにか
のりきれるんじゃ
ない?!
だってこんなに
かわいいんだよ？
もったいないよ!!

往生際のわるいワタシ…

3. ウイルスの洗礼

咳がひどいので小児科へ

空気入れかえてそうじっ

えっもう3時間たったの?
ぎょ~
おっぱー

ゲフゴホ
ゲベッ
わーっっ吐いたー

4. 闘いの日々

ゴヘッグヘッ
ガヘッ
ひぃぃぃぃ
気管支よわい
吸入に朝夕病院通い

ほいっチーン!!
ズビ~

水分とって
くすりくすり
ギ~
ゲフ
ゴッ
ガヘ
鼻すい

ぎゅ〜
離乳食っ
ごはんっ
ゲフーッ

風呂

仕事っ
ぎゅ〜
おっぱ
またかっっ

がんばれ〜
さすさす
ぎょ〜
ゲフゴボ
横に寝られない

ゲホッ
お母ぢゃ〜
ガハ
グヘッ
深夜にフト思う…
し…
死ぬ!!
これ…いつ寝たらいいの…?!

5. 分からない
ヨレ ヨレ
ヨボ ヨボ
新型インフルが去った我が家‥
ほい お弁当 つくったよ…
お弁当 スキでしょ?
……
じ……っ
これ
これ何て 言うの?
卵焼き!!
冗談で言ってる? ホントに分からないの?
えええええええっ
卵焼きだよ!! 大スキじゃん!!
ホントに 分からない
あー
うん うん
ケチャップは 赤ーっっ それは何でしょーっ 言ってみてーっっっ
ケチャップ!!
※マヨネーズです

…
どうしよう…インフルが脳に…
結局分からなかったのよマヨネーズ…
一週間家にとじこもってたから頭がこんがらがってるのかなあ…
他は特に普通どおりじゃない？
ガク ガク ガク

あ…それ何か分かるかも…
ボキャブラリーが増えてきたからか、たまに「え？」ってまちがいしたり、覚えてたこと全部忘れてたりするよ…
うちもあるある!!
ママ友
4歳全てにおいてホントかウソか分からん
ホントに?!

脳ってフシギだなあ…
↑その後は特に何もなかった

トリペな日々
なんで？
…が口ぐせ
トリペよかったねー♪
おっ
お弁当をわたした時も…
なんで？
心の叫び
なんでっておまえさんがお弁当スキでいつもよろこんでいてそれでよかったろうが
お…おちついて…

6. スケジュール

えーっと今週の予定は…
モッチニ ポリオ ワクチン…
モッチニ6・7ヶ月 健診…
モッチニ 保育園見学
3件…
トリペピアノ 体験…
↑習ってみたいとか言い出した…
なに…? アタシ、あの子らのマネージャー…?

7. すくすくと

モッチニ 半年になりました!!
おすわり完了!!
おお… なかなか 立派な 食べっぷり…
むぐん
むぐん
おいしいかい…
離乳食モリモリ
ズリばいで 脱出を試みて 力つきたと みえる…
ズズ…
あっ
いつの間に…
行き倒れてる…
移動もする

8. お気に入り

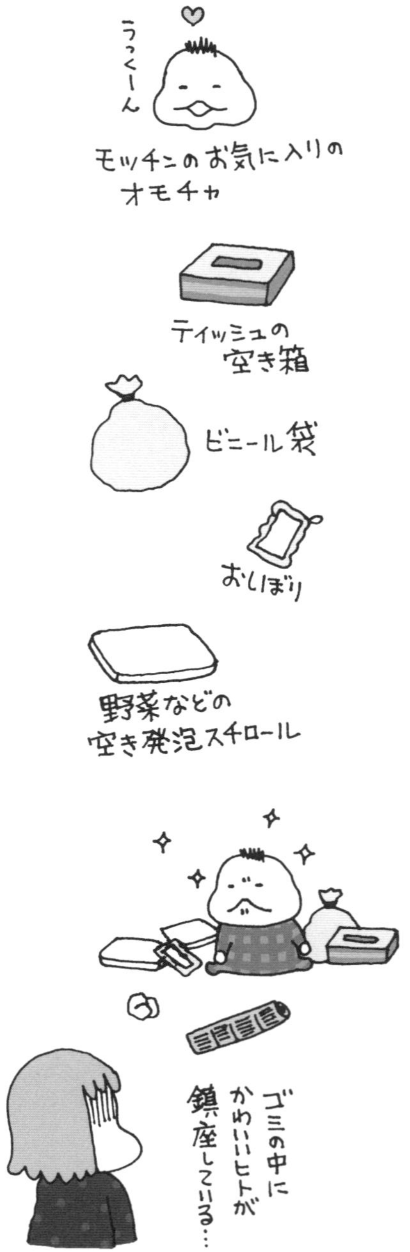

うっくーん
モッチンのお気に入りのオモチャ
ティッシュの空き箱
ビニール袋
おしぼり
野菜などの空き発泡スチロール
ゴミの中にかわいいヒトが鎮座している…

9. 意外にも

あっ あれFAXしなきゃ…
んぐーーっっ
ひっ
びくーーっ
ちょっとヒマでしょ？あたしがティッシュふるの見てなさいよっっ
ガショガショ
小さく丸めた紙入り
よく寝てたからおとなしいヒトかと…
平和な布団時代
意外にクレーマー…

10. 親子の証

いるのは
持ってお帰り
写真を整理しろと言われて（4巻参照）持ち帰った写真をアルバムに入れました
ん？
アキ3才
うさぎをだっこする
トリペが…いる…
え…ホントにトリペじゃないの…？

あっ
アキ0才
しかも全く同じ構図の写真発見…
モッチン0才
…ちがいは髪の毛のみ…
モッチンも見つけました…

11. モッチンスタイル

スポッ

トリペは乳をがっつり飲みおえると

ちょ…
スタ
スタ
用なし→

さっさと(ハイハイで)いなくなるタイプ

また遊んでるな…
モッチンホントは飲む気ないでしょ

モッチンは特に用がなくてもそばにいる…

ギュー
みててー!
座ってるの
みててーっ
すごいなァこんな半年ほどで性格ちがうのか…
トイレよ…

少しでもはなれるとめちゃくちゃおこる…

12. なわとび

3
4
10
11
あっ
10回だー
でもけっこうとべたー
すごい すごい!! ねェ見ててー

ハハハハ
ビュッ
ビュッ
2重とび
!!
え…なに…?
どうしたの…?
このヒト…
ハハハハ
ビュッ
ビュッ
母がすばやく動くのを
初めて目にしたトリペ…

13. 道草

♪ ♪
保育園帰り道
ちょっと!!
いろいろ探しながら歩いてね!!
ゆっくりよ!!
えっ
なに急に
な…なにを…?
カタツムリよっっっ
小さいのでもいいからね!!
トリペ飼うんだ
うん うん
え…いるかな…

何やってるのよ!!
ちゃんと探してっっ
ヘト
トリペさ〜ん おうち帰りたい…
まだよっ
ヘト
…なかなかおうちに帰してもらえず…
カタツムリ? 冬眠してるんじゃないの…?
カニ
それよりこのヒト…
おまえはっ 一体どこで何をっ
カニ
すいません…

14. 父と娘

本日はお父さんと一緒に
ちょっとチクッとするよー
予防接種です…
さっ次はお父さんだ
お父さんには痛い注射と痛くない注射どっちをする？

い…
いたくないほう…
おっ…やさしいね〜
お父さん
あと数年もしたら「痛いほう」っていいますからね…
ぶっすー
えっ…

15. 再会

なんだろー

夫の実家から荷物

ずしっ
!!

大根…こんなに大きくなって…
お久しぶりです…

夏におじいちゃんと植えた
大根と再会…

16. 起こしてくれる

フニ

おすわりができるように
なったものの…

便座ポーズ再び…

まだまだよくひっくり返る
モッチン…

ぐえ…
たーっ

もーまたひっくり返ったの?

寝返りにひき続き
お世話になってるモッチン…

トリペ…今の保育園の先生たちとお別れしたくないから今の保育園いくわ…
あんなに泣いて嫌がってたのに…
ですよね…

…姉妹の保育園は別々に決定…

トリペな日々

オバマ大統領の演説を聞いてトリペが一言….

……

ぼそっ
この人…英語うまいわ

17. 別々に…

モッチニが行く予定の保育園帰り道に見てみる？…
まだ決まってないけど…

ここ
大きい…

大きくて…広いけど…

ああっ
フンフフーン
よーし このカバンはお母ちゃん使うもーん

…返してください…
…大人げなかったかしら…

…高島屋の紙バッグもあるよー…
花柄…
やだっっ
布がいいのっっ

18. レッスンスタート

じゃあ来週からいらしてね
パタパタママ先生…
個人のお家レッスン

トリペがピアノを習い始めるので

ダダダダ

夜なべしてレッスンバッグを作ってみた

お気に入りの布で…

トリペ… 花柄がよかった…
とり柄

19. ピッタリ？

ぷんすか
ぷんすか
おきがえが小さかったわよ~
ありゃりゃ
ピチ
ピチ
103cmのトリペ。100cmサイズは小さく…
ありゃりゃ
だれっ
110cmサイズは大きい…

20. 疑惑

これは…
うーむ…
モッチンに赤い発しんが出るので
アレルギー科のある病院へ…
お母さんねェ なんでもアレルギーだと思っちゃだめだよ
フン
イラ
授乳して出たり出なかったりするのがトリペと似てるから姉は卵アレルギーありますと言っただけで何だよ!!この対応!!
キィー
これから離乳食に牛乳や卵つかうから念のためきたんじゃいっ
イラ
イラ
まあいいや念のため調べてあげますよ
フウ

ギーッ
もういいっ 調べんでいいっ
…お願いします…
えっ
…と思ったものの 出直して別の病院に行く余裕はナイ…
あっお母さん出たわ卵
ケロッ
ぎぎぎぎ
だろ?!
どうして私の直感を調べもしないでバカにするんだ…
本人は1歳まで除去ね
お母さんは卵除去しなくていいよー。おっぱいから耐性つくりましょ
3年前のトリペのときの完全除去とは方法が変わっていてヨカッタ…
※それからまた6年たってますので変わってると思います
トリペな日々
小声
お母ちゃんお母ちゃん…
ん? 何…?
取れなくなっちゃった
かた結び
ば…
次の言葉を飲みこむ賢明な私…

ガフ
ゲヘ
ゴホ
イラ
イラ
イラ
インフルエンザの予防接種をうってから調子が悪くイライラモードのトリペ
ひらり
バスタオル
かわいい〜モッチニ〜
いいキモチかい?
デレ
デレ
ベッドメイキング
そのやさしさの1/10でいいから
ワタシたちにもおくれ…

21. やさしさ格差

おむかえがはやいっっ
ピキッ…
ケンカしながら帰ってきた…
うっくー
爪きりお父ちゃんの方がうまいっ
ピキッ…
お父ちゃんにやってもらったコトないでしょ…!!

22. クリスマス会

バルーンアートが
できるサンタさん
だよーー
Ho Ho Ho!!
つくってもらった
保育園父母会のクリスマス会

さーっ1人だけに
この特大ツリー
プレゼント!!
ワ゜゜゜。。。

ワクワク
ドキドキ…

ハズレ

ひっく
ひっく
え?。
なんで
クリスマス会いって
泣きながら帰って
くるの…?
? ?

にっこり
なんで押し入れの中にいるのっっ

脚力…
ぐぃー

思えば生後2ケ月のときから
足で押し入れをあけていた
モッチン…

23. 強いぞモッチン

助かるね…
お姉ちゃんが
いれば幸せ

親には手厳しいが
おたがいにはやさしい2人で
ある…

あれ？
モッチン…？
最近はモッチンもよく
動くようになり

24. 最近のあそび

ギャハハハ
いってきまーす
ズサーーッツ

ホント助かるわあ…きょうだい…

トリペな日々

トリペまよってるんだよねー
何を

ようくんとゆうくんとハルくんが結婚してくれっていってきててさ…
フー
だれにしようかな…

トリペ モテ期…

25. アテレコ①

ふーん!
洗たくカゴ

つかまり立ちをはじめたモッチン

さあ今日は何をつくろうかしら

オススメの本はですね～

あー!

今日はやさい安いよ～
ハハハ…

いろんな職業になるモッチン

リモコン…なくなったわ…
ホンモノと同じね…
えっもう…？
そりゃウチは リモコン よくなくなるが…
あー!!
モッチン見つけてくれたのー!っありがとうー!!
モッチンがかくしてたのでは…
はじめてお姉ちゃんを助けた日

26. 力作

なにやら制作中…
天気予報
これは…
地図？
あー!!
なるほどテレかー
リモコンもあるのよ!!
さっ
……とか言っていて15分ほど…

はじめてのアドベントカレンダー
机の下で発見…
いただきモノ
1日1コあけるんだよと伝えたその直後に

そう…これはアドベントカレンダーなのですが、以前トリペは1度に全部の窓をあけて中のチョコを食べつくしましてな…

これは1日1コ妖精が届けないと全部食べられちゃうぞということで…

夜中に無精ヒゲの妖精登場
そ～…
にゅい

あぶなかった…妖精…今日入れ忘れるとこでした…
フー…
我々はどうしてこう自ら仕事をふやしてしまうんだろうな…
うっくんうっくん

27. おくりもの

朝おきたら枕元に見なれぬ箱が…

いちにち1つあけてね
クリスマスのようせいより

!!

ようせいさんからラムネもらった!!
たべていいのかなっ
あらーいいね～

28. あちこちで

タイタイタイ
?
そういえば昨日
モッチン食事中に
怒ってたんです…
手足口病です
モッチン…
手足口病だって…
…あの…
どしたの…
ぎぼぢわる…
しおしお…

うーん
うーん
ちょっと…ピアノのクリスマス会の全体練習いってくるから…
2時間くらいで戻ると思うからがんばれ…
ゴホゴホ
い゛ら゛っじゃい゛…
ざあ や゛りま゛じょ…
ゼー
えっ…

…感染列島….

6畳密室…
毎日がもうギリギリの
幼児の親
ゼゼーー
ごべんなさい…
かぜでごえが
でまぜん…
先生…あの…
お熱は…
ほら…
今…
インフルエンザも
はやってますし…
ボボボ…
大丈夫
でずのよ!!
少しぐらい
やれまずっ
ちがーうっっ
ガクーッ

29. そうじゃなくて

トリペはピアノを
自宅で教室をされてる
先生に教えてもらっていて
生徒さんは
小学生2人
幼児3人
…というこじんまりとした教室
…の6畳1間で
クリスマス会の全体練習…
ヨロッ…
ゲフッゴホ
ガフゲヘッ

30. 練習したのに…

日々家で鈴の自主練を積んできたトリペ…

…今までの自主練は一体…

31. 選曲

トリペちゃんはクリスマス会何ひきたいかなー
フフ
2、3曲この中からえらんでね
チューリップのうたと…
カエルのうたかな…
いいねいいね先生に伝えておくね!!
あっトリペちゃん!!
クリスマス会の曲きまったわよ

かごめかごめです
えっ
チューリップとカエルは…?
あ、お母さん伴奏やってください
これがくふ…
えっ

32. 近づくXデー

ゴホ
ガフ
ゞえ…っど 当日の説明を…
はい…
ボソ…
ジューズと お菓子をみなさん もってぎてください 教室ではミズドを 用意じまずがら…
ボソ…
カッ
みなさんはかぶらないよう あられか
すっぱいモノ もってきてくださいっ

ゼー
ゼー
あどジューズは ガルビズウォーダーど 何がを…
子どもだぢは ガルビズウォーダー ずぎでずじ…
ねっ
ガルビズ ウォーダー 好ぎな人 手をあげで
シ…ン…
アレ
ゼー ゼー
…まあ… ガルビズウォーダーど 何がを…ね?!
カルピスウオーターが お好きなのですね…

33. Xデー前日

出し物考えたのでおでんわください♡
うっ

Xデー前日、先生からメールがきました…

クイズを作ったんですよー ですから今とりにきていただいて色をぬっていただいたらかわいいと…
うふふふふ
うっ

今17時ですよ…？ これからごはんと離乳食ふろ入れて寝かしつけて仕事するんですよ… 乳児いるんですよ…
いや〜〜ちょっと今からはすいません…
ハハハ…

3日後…
咳出すぎて腹筋いたい
ゲホッ ガヘッ ガフッ

先生からの輸入モノに1万点…

ゴフ
♪

…クリスマス会前、最後のレッスン日…

あ、お母さん みんなでお菓子タイムの時
出し物 やってくださる？ 手品とか
さらっ

え？

…Xデーまであと3日…

34. ついに本番

Xデー当日です

やたら加湿にこだわる先生…

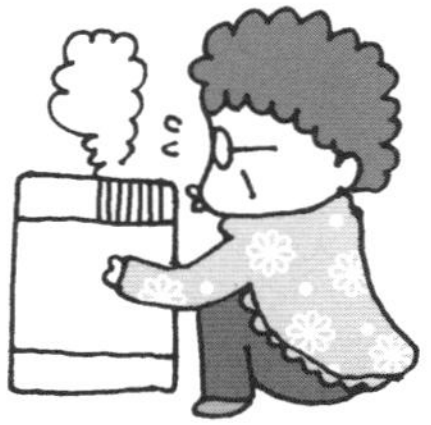

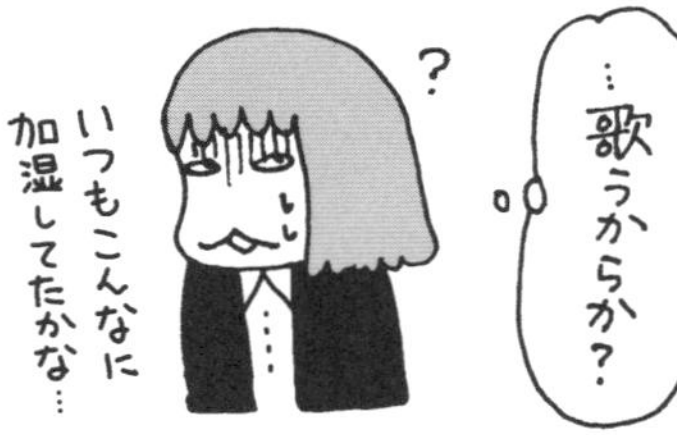

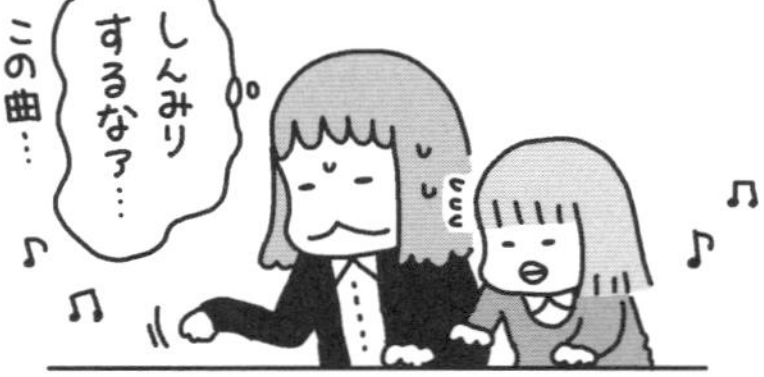

本日メインである演奏はあっさり終わり

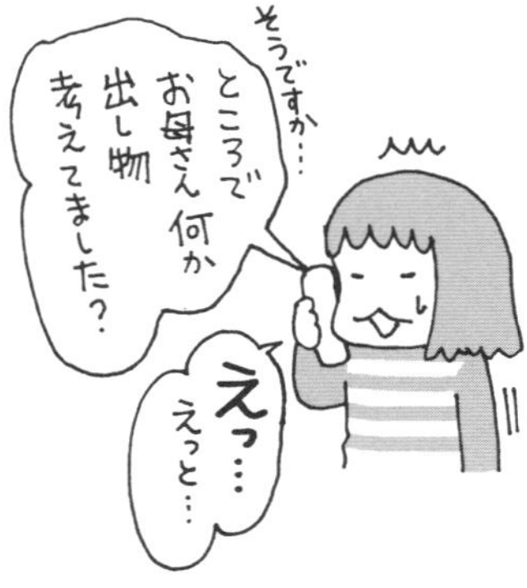

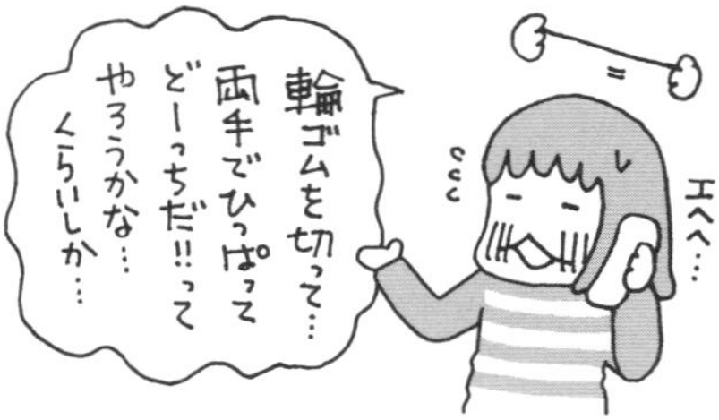

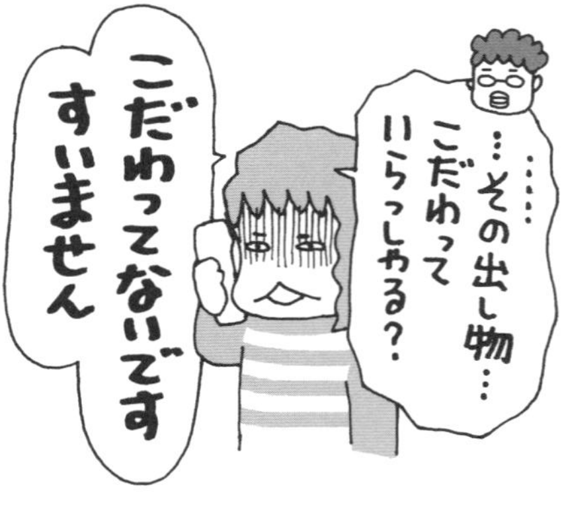

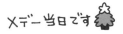

これは何をあらわしてるかなァ~
カレンダーのうら

あ…これに色をぬるハズだったのね…
リ…ス…?

お菓子タイムにやるはずだったクイズはその前に行われ

ドーナツ係
ハーイ
イチ イチ
山口さんドーナツ配ってくださーい

満を持して お菓子タイムです…!

あっありがとうございます
ぶどうがいい~
おいときますね~

あらっ先生ドーナツまだですかっ何になさいますか?
あ…
あたしダブルチョコ!!

!!
ダブルチョコ

どうぞっ
ありがとー

あ…あぶなかった…

35. セーフ

ぐぅ
ぐぅ
明け方…
はっ
妖精の※仕事…忘れたーっっっ
※お菓子入れ
ガバーッ
飛び起きる妖精2
無精ヒゲ妖精1

ん…お母ちゃん…朝…?
まだ夜だっ おばけくるどっ 起きるんじゃないっ
起きた…
…いい…? お母ちゃんトイレ行ってくるから…おばけ来たらマズいから…モッチン守っててよ…?
出ないでよ…?
う…うん…
ドキ ドキ
んが…

ごそごそ
ごそ
※説明しよう！妖精は
クリスマスツリーの下に
アドベントカレンダーを置いているのだ！
おまたせ
あースッキリした!!
寝よう!!
お母ちゃん…
おばけに
会えなかった…？
大丈夫
大丈夫!!
ハラ
ハラ
クリスマスの妖精は
平気でウソをつく…
パタン…
たーーっっっ
だーーっっっ

36. 大荒れクリスマス

トリペサンタさんに何もらうのー
んー…

モッチンの赤ちゃんせんべいもらう!!
きっとモッチン喜ぶよ

それは…っお父ちゃんお母ちゃんがあげるから…
トリペは…何かスキなモノお願いしな…
?
う…うん…
?

そして当日…
わあっレゴだあ…
なかよくあそんでね

ちょっとモッチン!!見えない!!
完成させたい
箱好き
完成図

ギュ～
ちょっとモッチンやめて!!
朝6時前からケンカしとるんじゃーっ
何をケンカしとるんじゃーっ
睡眠が足りず機嫌のわるいお母さん

なかよく遊べないならサンタさんに返すからねっっ
万年睡眠不足…
ぐぅぐぅ
キッ
争いのタネをまいた当人が何でねてるんじゃっ
え?
ムニャ…
細切れ睡眠
うわああああん
なかよくあそんでね
サンタさんのおやくそくやぶっちゃったあああ…
ワーーッ
もらい泣き
知らんっ
え…っちょ…
一体どうしたら…
わあああ
…散々なクリスマス…

なにかに
手をふっている
あの〜〜
いたいです…

第2章

モッチン、毎日がデビュー

37. 寝正月

あけまして
おめでとう
ございます
ホンマモンの寝正月です…
ゴホ
ゲフ
ズビ
ゴホ
ズー
昨年末から
風邪ひいたり ジンマシン出たり
ゲフ
ゲフ
しんど…
ゴホ
いや〜トリペからの輸入モノかな… 仕事納めたとたんにこの有様…
えっ
あっお母ちゃん モッチン 立ったよー

あー… 座っちゃった…
がくっ
どうも最近1秒ほどですが
モッチンが立っているらしいのです…
和気あいあい
お父ちゃんも見た!! フラ〜って立ってるよね
ウニ
ウニ
すぐ座っちゃうん だけどね〜
モッチン様… あなたの お世話を
いちばんしてるのは お母ちゃんじゃ ないですかね…?
私だけ まだ 見られてない…

38. 動かない…

ぱっちり
朝、目が覚めたら
た〜す〜け〜て〜
全く動けなかった…
分からない〜
でも
起きたい〜
トイレ〜
?!
えっ?えっ?
どうしたらいいの?!
ハァ
ハァ
いたい〜
ひー
こっちは?!
うごかない〜
人の手を借りて40分…
立った!!
お母ちゃんが立った…!!
ゼーゼー
ばーん
あー
パチパチパチパチ
コルセット…
ぎっくり首だそうです…
モッチン寝返りするときカニカニになって怒って泣いてたけど…
あれ…今なら分かるよ…
大変でしたのぅ…
?

39. 日々たんれん

日々刺激を与え続ける姉…

…と思っているのかどうか

…姉がいない日中は自主練の毎日…

まだ言ってる
いらっしゃいませ〜
こっちを見ずに横切っていき
ゴロ
ヨタ…
ゴロ
ギイ
引っかかったらしい
ハイハ〜イ
またやってきた!!
ゴロ
ゴロ
あ〜あ なんにも売れなかったわ…
ギャハハハ!!
ヨロ
ヨロ
ゴロ
ゴロ
トリペのアテレコ最高…!!

40. アテレコ②

夫が郵便物を一時
入れておく入れもの
トリペの声…
いらっしゃいませ〜 いらっしゃいませ〜
ゴロゴロゴロ
ブハッ
アテレコ
いらっしゃいませー 何かいりませんかー
中におもちゃが
ゴロ
ゴロ
ゴロ
ゴロ
ヨタ
ヨタ
ヨタ

41. どうして…

毎日乳をやり
ブー
ご飯もあげて
身体測定
68cm
約7000g
はさまれのばされ
ちょっと!!成長曲線ギリギリじゃんか!!9ケ月一体何やってたの!!
コレは自己責任ですヨ!!
バンバン
ツーン
体重も身長もグラフ一番下ギリギリ…
でも頭部のみ標準…
そ…そんな風にはみえないのにね…まあ中身がつまってるということで…
ほっぺも一緒に測ったんじゃ…
んぐー

42. 鼻封じ

犬ってけいさつの仕事手伝うの？
ウン 鼻がすごくいいからね

悪いことした人のにおいをたどって見つけたりできるんだよー
クンクン
!!

…じゃあ悪いことした人はその後スカンクを呼べばいいね…
……

43. ヒット

はっはっはっは

お仕事先との新年会

…の夜…

?!
オフ…
う…っ

カキに…当たりました…
（1コ…食べたのが…大当たり…）

ギャーッ
モッチこの右
ぶぱっ
お母ちゃん…ふるえながら鼻血出してる…
神さま…ワタシ…何かしましたか…？
コンドウさんカキ大丈夫でした？うち食べたメンバー全滅で…
皆2日会社休んで…
私1日で回復した…
ニヤ…
競ってどうする…

悪寒…
ポカリを割ったモノ
大丈夫？
…じゃないよな…
あー
食べなかった人
発熱!38℃、リンゴをひと口かじってみたが一瞬でリバースするのでお湯で割ったポカリをちびりちびりやる始末
あ…モッチン…うつるから近くによらない方が…
にっこり
シャッ…
え…っ
ぐわしっ

44. 鬼退治

わっはっは
きたぞお

ごくっ…
節分です…

ギャワー
エーーン

トリペは先生の後ろにかくれ
ながらもがんばって豆まきしたそうで

ハーハハハハ
…鬼…先生のくつ…もってっちゃったんだよ…
悪いよね…
えっ どういうこと?
もう…

45. 女優・トリペ

あら それは どういう ことです

卒園式の劇の自主練に
忙しいトリペ…

それはいい そうしましょう
そうしましょう
観客

練習外では「いかにして自分が"チュータさん"の役を
希望するに至ったか」の演説をするのであった…

そこで トリペは 言ったのよ…!!
観客

会話が 芝居がかって きている…

46. 手作りの…

ハイ

おとな
おとな

赤ちゃんのは ないのよー
ごめんねー
?

あー 切符か…
こども
トリペの
なるほど…

47. 精一杯の

ガビーン
遊んで帰ってきたら
大スキなTVの時間が
終わってしまっていた…
仕方ないじゃん
あーあ みたかった…
あーあ
TV…
あーあ
ブツ
ブツ
めずらしく しつこい…
あーっもう しつこいっっ
そんなにTVみまくりたいなら大人になって自分でTV買って好きなだけみなっ
※朝と夕飯どきの母はキレやすし
ガーン
…そしたら…
ボソッ
1人でくらすんだから…
なにその捨てゼリフ…

48. 初めてのヒゲ

モッチーン
父ちゃん
仕事やつれ
はっはっは
さわり
さわり
ざら
ざら
……
…何も汚いものはついちゃいませんよ…
ゴシ
ゴシ

49. あえて通る

なぜ赤子は

わざわざ人の顔の上を
横断していくのか…

うっかり 横断中に声をかけると大変…

かつてふんでいた姉も
ふまれている…

赤子は みな そうなのかしら…

ズズ…
ちょっと低いらしい

梅酒

お気に入り
ズ…
ズ…

洗たくカゴ

フリフリ
ハイバイバーイ

ちょっと目をはなすと
いろんなところにモッチンが
乗りすてたモノが散乱している

50. どれもこれも

つたい歩きの彼女の移動手段

力もち
ズズ…
ズ…

ハイローチェア

ズ…
ズズ…

オムツバケツ

ちょっと返して返して
ズ…ズ…

51. そこから？

モッチンの歯
最初は 下2本がはえた
上 はえて きたかな？ みせて〜〜♫
えっ
あが
…なんでそんな予想もしない
とこから生えんだろ…

52. かゆい…

ヨシ ヨシ
なになに 抱っこかい
あー
がぶぅ
!!
出たての2本の歯でかんだーっ
ガジ ガジ
歯がかゆい

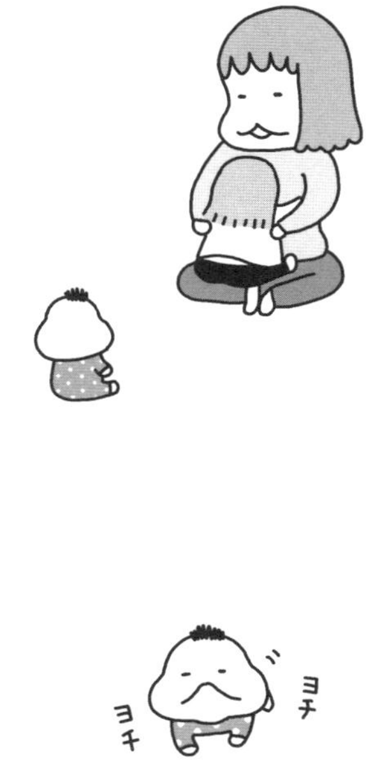
ヨチ
ヨチ
モッチンも抱っこ?

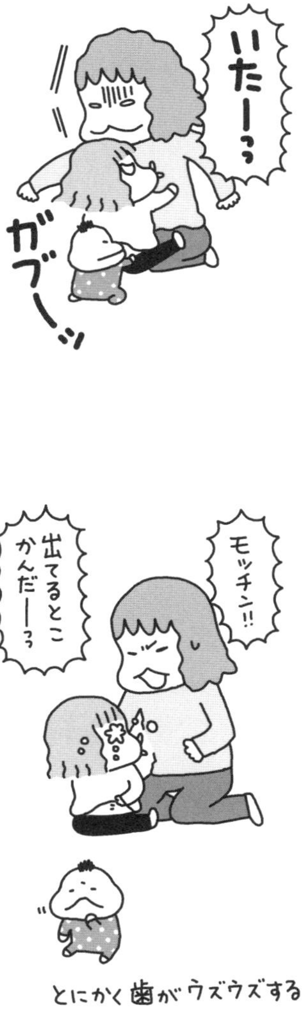
いたーっ
ガブーッ
モッチン!!
出てるとこかんだーっ

とにかく歯がウズウズする

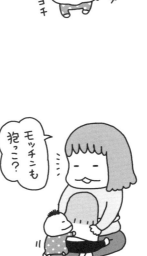

53. さすがの姉も

モッチンは世界で1ばんカワイイ赤ちゃんだ

感心するくらい妹Loveなトリペ

コラッ
まがお

いらないごはんを床におとすモッチン

さっ

…を拾ってくれる姉・トリペ

あ~もう いいよいいよ
毎日毎日…
ダメよ~

ん?

足に…何か……
ぎゅむ~
イタイイタイイタイ

いったいなに考えてんのよっっモッチンのごはんをキレイにしてあげてるのにっっ
だってそこに頭があったから

姉、はじめて お怒りに

トリペな日々

ソワ
ソワ
微妙にきげんが悪かったり
ねむい…
ダラダラして体調が低空飛行…
そういや運動会前もそうだったな…
どうもきんちょうすると
体調を崩すヒトらしい…

54. 運命の日

……

じ…
しーん
…本日は…保育園内定者に
電話がくるらしいことを
ママ友から聞いたのです…

今年は希望者の半分以上が
入れないらしいのです…

こうして電話番してても仕方ない…
領収書整理…

待ってましたーっ
ハイイッ
キャホーッ
RRRRRR…
ばっ

ズルッ
だだだだだ

ハイッ
お待たせいたしました…
あ、宅配便の〇〇ですけどー
今行ってもいいですかー?

なんだよ○○便…
ヨロ
ヨロ
♪ うっく〜ん
ぎあああそれ通帳!!
あぐ
あぐ
領収書も食われてる――っ
モッチンが…だんだん活動的に…
今…16時59分…
…役所って…17時までよね…？
59分…
…あれから…我が家の電話はピクリとも仕事をしなかった…
ハハハハ…
ハハッ
お迎えいってくるわ
でも…もしかしたら今日じゃなかったのかも…
うちもきたんだけど第6希望
ママ友んとこ第5希望の園だってー
遠いんだって〜

55. 記念日

ですよね～
夫婦そろって在宅なんて
余裕が満ちあふれて見えますよね～
ハハハ…
ハハハ…
…保育園、全落ちしました…

しかーし
ハハ…
こんなこともあろうかと※認証保育園に予約を入れておいたのですっ
産まれてまもなくしてっ
とりあえず予約だけでも～
ヨロヨロ

※認証保育園…東京都認証保育所という
東京都独自の制度で、
一定条件を満たしている保育施設を
都が認証したもの。

予定では4人ほど空きが出るはずなんで全員が区立落ちなければ
ギリでいけると思うのですがお約束は…
うっ
…5番目の予約であった…

ん～～～…
1人!!!
超びみょーーっっっ

今日は…保育園落ちて
モッチンが初めて歩いた
記念日…

?
ふぅっ〜
やれやれ〜
ぐんにゃり
助かったけど…
さびしくなるなぁ…モッチニ…
…そして自宅保育児ってホントに熱出さないなァ…
そんなにハナ垂らしてよく持ちこたえるなァ…
ウニウニ

56. ヒヤヒヤ…

…待てど暮らせど認証保育園から電話がこない…
ええいっ
RRRRRR
ドキドキドキドキ
…ので思いきって電話してみることに…
あれっ?電話いってませんでした?すみません入園していただけます〜

57. 手には

真剣!!
ヨタ
ヨタ
歩くようになりました
ヨタ…
ヨタ…
なぜかいつも片手になにかもって
危ないっ
パプ〜
パプ〜
ヨタ…
ヨタ…
余裕があるんだか ないんだか
ヨタ…
ヨタ…
ゴロ…
ゴロ…
たまに両手にもつことも
ヨタ…
ヨタ…
ゴロ…
犬の散歩?
あのクマのバックにはおしっこ流す水が入ってるのよ

58. ス…

私とモッチンの間で流行ってること

感動の再会風

なんでそんなに ON OFF
切りかえ早いの

お姉ちゃんを泣かしてしまった

59. ゆるして

おぼれる者

ワラをもつかむ!!

実はこう言ってたりして…

とっとき とっとき
ウンウン
ハンマーのおもちゃ

それは知らないヨソの赤ちゃんにも…

ウンウン
スッ

コンコンコン
!!
高速3回連打

すみません すみません
だめでしょーっ
ぎゃー。
イエイエ大丈夫ですよ
むしろ自分からボケにいったような…

60. ちょうだい

先月は
ちょうだい
えっと

ココにおいて
そ…

手をはなしたら

ありがとーっ
OK!! あってたあってた
ハフハフ

おずおずやっていた「ちょうだい・どうぞ」も

ほれっ とっとき とっとき
ウンウン
これでおいしいモンでも食べな
あー
ぐいぐい
ち…近い……
いたいし
ペコペコしながら…
ありがと～
おそらくコレ

今では非常に気前よく

61. ヘソからのお知らせ

おフロからあがったトリペは
おへソがピンクに染まってた

上半身裸で何を言ってる

62. 愛のせっぷん

寝たと思ったら

起きてたり する

おお ありがとう

小悪魔の 接ぷん《サービス》により
今日も私は風邪をひく…

63. 忘れないよ

ひいおばあちゃんに絵を描いたから送って…
ありがとー
じいちゃんだ…2年前に亡くなってるのによく特徴覚えて描けてる…
覚えてるようー
じいちゃん よかったねぇ…!

64. くじらの朝

く…
くじらがーっっっ
ギャーーンッ
!!
びっくーっ
ギャアアアアアア
ガバッ
夢だ…夢…
ギャアアアアア
くじら…?

いやー夢でよかったねェ…
さあ
寝よう寝よう
えぐえぐ
あーびっくりした…
翌朝…
いやあ…昨晩はクジラさわぎびっくりしたな…
ファ…
あんまり寝られなか…
寝坊すると一瞬時が止まりますね…
はち…
…家族全員で寝坊しました…
あらまあ
ふふふ

65. えもの

どこでもはいつくばる
ねこちゃんだよー
にゃー
にゃー
「ねこちゃんごっこ」が流行ってるらしい
ねこちゃん…
大物つかまえるなあ…
野ウサギつかまえたわよー
ニャー
ニャー

66. 会話力アップ

げきのいしょう
コウちゃんにもらったのよー
げきおわったからね
えっ
コウちゃんはどうしたの
ユウくんにもらったらしい
えっ ユウくんは?
いらないらしい
ウン ボクいらない
えーっ いいのー?
ユウくん
ふくざつな話ができるようになってまあ…

67. おりがみ

オルガン
イス
おうち
うさぎ
ことり

おうぅ…
ステキなおにわみたいになっとる…
お母ちゃんなに折れる？
つる
…他には？
つる
……

68. おじさんの野菜

大真面目
モッチン自転車デビュー
真顔…
キリッ
モッチンー たのしい？
農産物直売所
小松菜
キャベツ
あれっ 直売所だって…

あれ… でもないなあ…
あのー小松菜って 書いてあるんですけど
もう全部 売れちゃいました？
あれ、とるの めんどくせーん だよ…
だから ないなあ…
え…

69. 絶妙

にっこり
モッチン、好物は
おにぎり…
おいしい
おいしい
むぐ
むぐ
…なんでそんなちょうどの
ところにご飯粒つくの…

農産物直売所
小松菜
じ、じゃあ
この転がってる
キャベツは？
それ
へんな
キャベツだよ？
100円
のし
大真面目
キリリッ
モッチン…
楽しかった…？
キコ
キコ

70. 主張

からあげ3キロ
パン20コ
卵10コ分の卵焼き
つくって
ずし…

本日保育園クラスの持ちより集会

ワー
ギャー
ワー
ワー
わー
ああ…すごい…始まっちゃってる…
みきちゃんもう泣いてるわ…

会場は市が貸してる集会所（歴史ある和室…）

クーーーーっ
ケイちゃんどいてっっ
……
……
うわーーーんっっ
ギャー
かえしてよーっ

トミーのママに…ランチパーティって伝えたあたしが悪いの…
日本語できない
英語苦手で…
私もできません…
?

…ともあれ持ちよりパーティは始まり…

さっちゃんパン食べたらー
ハハ…
ガッ
ガッ
ギャーワハハ
ヨウーーッ食べなさいっ
クーーー
いつもこういう時トリペちゃんはちゃんと食べるよねー

腹がへっては戦《あそび》はできぬ、のトリペ…

……
えーっそれホント?!
ギャッハッハッハッ
ギャハハハハッ
うー
うー
ドッ
あははははは
だめだ…気づいてない…
がーん
わっ
ずさっ
…すごく口がとんがっている…
ブーイング…
ラー
ラー
ラー
ラー
お母ちゃんアタシ家で寝てたいのよ
布団がいいのよ…!!
こんなところじゃ寝られないわ…!!
ラー
ラー
ラー
ラー
ラー
布団じゃないと眠れない
ややこしい乳児モッチン…
おかんむり
ありがとーっ
お母ちゃん今日とっても楽しかったわー
ほとんど食べてただけのように思うが…そうか…

71. キケン!!

夫はトリペからもらった絵をカゴに
一時保管しているのですがね…

き…けん…?
きけん

なんだろ…もらった覚えがない…
ていきけん…かなあ…
でも×かいてない…?

ただいまー
あっそうだ

トリペお父ちゃんとこに「きけん」ってかいた紙おかなかった?

ああ…
あれ ばくだん
ブーッ

なんで そんなもの お父ちゃんのカゴに 入れとくのよ!!
ウンウン
ボカーン!!て なるからキケンって かいといたよ
いやいや いやいや
ボカーンじゃないよっ
いやー 笑った笑った
ヘイヘイ
おっぱーっっ

自転車は大スキなので
意気揚々とのりこむ

さあ〜着いたぞお〜!
え

ここ…
なに…

72. 試練①

春です

バイバーイ
新しいステージにいったのでヘアスタイルも新しいステージに…
フリフリ

いつも通り お父ちゃんと
お姉ちゃんはどこかへ行った

さ…おっぱをひとのみして
おふとんにコロンとしましょうか…

さーっモッチニもおでかけしようかねぇー
ん?

今日から 保育園です

今日から お世話に なります…
ピンポーン
ちょ…
がっくり
モッチン よからぬ ママ感がする…
モッチンちゃん!!
ぎゃあ
こんにち はーっ
だれーっっ
ちょ…
パーンあああ
先パイの 叫び声
もちろん大パニック
ちょ… モッチン…
がっくり
ははは!!
モッチン ちゃん カンが 働くな〜
じわ じわ
トリペ 7ヶ月 の時より月齢が 上なだけあって危機察知能力が高い…
先生とちょっと あそぼーーっ
あ…っ
ベリッ
ぎゃあああああ
ハハ!!目があかないのー 大丈夫大丈夫!!
ぎゃあああああ
ほらー お母さん いってらっしゃーい
モ…モッチン ファイト〜

73. 試練②

おっお帰り…
どうでした？
先生が明るく迷いがない感じだから辛い感じが少なめだった…
私が…
ただいまー
トリペ〜すぐ迎えにいくから〜
トリペのときは泣きながら帰った…

自転車にヘルメットだけのせて帰ってきたー
メソメソ
4年前…
たくましくなったなァ…
仕事しよ…
おむかえ
はやいっ
どうせ泣くのも今だけだわ…
いやー経験というのはいつも助けになってくれるわ…

先人がいたから、というのも大きい

モッチ〜ン
ガショ
ガショ

初日預かりは2時間

モッチニちゃんお母さんだー
ハハハハ
よくもおいていったわね…ムッス…
すいません…
あ…案の定カニカニっスね…モッチニさん…
号泣した後30分くらい寝てちょっとだけオモチャにさわりましたー
おやつはボイコットしましたー
ありがとうございます
怒っているので目をあわせない
ツーン
連絡帳
モッチニちゃんまた明日ー
モッチーニおーーい
つーーん
そしてトリペ…
トリペー お迎えきたよー
おー
ハハハハハ!!
今日は入園してきた1歳ちゃんの面倒みまくって1日すごしたわー

74. 試練はつづく…

保育園2日目 3時間預け
さっモッチ二 行こ〜
昨日あんなに 怒ったから こないだろーな…
!!
来るのか…!!!
ええええっ
てこ
てこ
昨日の惨状を 忘れたのか… 呑気なヤツ…

おっ?
スタ
スタ
ワー
キャー
ガヤ
ガヤ
ワイ
ワイ
あたしねー
これでさー
お…おおおお… 自らの足で様子を 見に…

ば…ばいばい…モッチン…
すぐ来るからねー
エヘヘ

ぎゃああああああ
ばいばいじゃねーっ
アホかーっ
モッチンもかえるーっ

今日はどうでした？
…カニカニに怒って号泣してたが目がガッツリあいてた…
昨日はパニくりすぎて目があかなかった…

あっモッチンちゃんおはよー
ああ、
びくーっ

ぎゃあああああっ
多分昨日のこと思い出した

ハハハ!!お母さんにバイバイだー
きょうもまたつかまったあああ

モッチンちゃん ごはん食べる?
いやじゃーっ
ベリッ!!

起きたのでご飯食べるかな?と
思ったらカンカンに怒ったので

ファサ…

布団を
ひいてみたら…

たーーっっっ

75. 心休まる場所

モッチーン

12:00 モッチンを迎えにいく

モ… モッチン…
お帰りなさーい

ランチタイムの中、1人布団に
転がってるモッチン発見…

あの後9時半から11時半まで
寝ましてねー

…で、今に至る、と…
布団…スキなんですね…
ええ…三度の飯より布団がスキでして…
私に似まして…

ごはん おやつ一口で ボイコット 泣いて暮らし ましたってかいてあるー
ハハハ!!
今日も午後寝ないんだろなー
理想
午後もお昼寝中に仕事♡
おいしい?
たっぷり寝て元気

心安らげる場所（布団）に陣地を用意してもらい、落ち着いた様子で園内をながめていたらしい

少しおさんぽもしてきたんですよー
えーっっすごいっっよかったね!!モッチン…!!
ウンウン

モッチン寝る以外のコトもできた飛躍の1日…

感想を述べているのかい
ごにょ
ごにょ
ごにょ
ごにょ
よかったよかった

家でもごきげんであった…

3日目

えーんと泣いたので抱っこしてトントンしたらそのまま寝ちゃって…

モッチン…
帰るよ…ねえ…
おきて…

今日もずっと寝ていたモッチン…

4日目

ほらーできたわよ!!モッチンちゃんの場所!!

第3章

春の雨と ピアノと トリペ

76. 春らんまん

きれいだねェ
大スキな季節です
フワー
いいねェ モッチーーン
キャ
キャ
おっ いいねー
あっ いいところに!! さくらのケーキ できたのよー

ばーん
フーン
よくばりがけ!!!
あっまた…っ
あぶないからダメだってば!!
ガッ
どてん
ワーン
これを何度も何度もやる

77. あこがれの…

モッチンの最近のお気に入り…
お姉ちゃんのカバン!!!
あれーモッチン?!
どこいった?

はいてる!!
さっ
フー…
ふーん
あっ…もしかしてあれは見せにきてたのか…!!
ぎぎぎぎ
ぎぎぎ…
知らないうちにいろんなことができるように
なっている次女….

78. いつのまに

あれ…
片っぽぬげちゃったの…？
そもそもはかせてたっけ…？
かな…
…ということが何度か
あったんですよ…
ん？

79. しみるよね

思い返してみましたら
なんともいえない表情をして
みかんを食べていたな…
あのときから
ノドいたかったのかな…
モッチンもうお熱を出して
保育園お休みです…

80. 頼れる相棒？

ズ…
ズ…
伝い歩きのときは
押して一緒に移動
うわっ
だーん
ゴロ〜!!
どんな目にあっても モッチンは
洗たくカゴと よくあそぶ…

81. アイドルるみちゃん

トリペちゃん新しく入ったコの中で一番のチビちゃんがお気に入りで…
トリペの保育園にて
たーっ
よくチビちゃんクラスへ遊びにいくんですよ
モッチニより少〜しお姉ちゃんなんだよね
妹さんと重なることが多いんでしょうね…

真の理由

るみちゃん…ほっぺがタップリなのよ…
タップタプなの…
うふふ…
トリペもなかなかタップリだったんだぞ…
…とは言ってみたがるみちゃんは
ホントにたっぷたぷで
我が家では早速
ファンクラブが発足…
200点!!
たっぷり…
そっくり
…るみちゃん今日お父さんの自転車のカゴにのってた…
分からないんだけどのってるのよ…また似あうのよ…
えっどういうコト?!
?!
それ危なくないの?!
危ないと思うわ…
ファンクラブ報告会

トリペな日々

どうしたの
トリペ
むねなんか
押さえて…
ちょっと前
○○くんに「死ね！」って
言われたのを
思い出してむねが
いたくなったわ…
…なんでもない
ときにぱっと思い出すの
なんでかしらね…
脳も
イヤなことは
うまく忘れて
くれたらいいのにね…

82. モッチン、1歳

モッチン1歳の
おたん生日!!

せっかくの
おたん生日ですから！
保育園はお休みして

…MR予防接種です…

モッチニ〜
お母ちゃんはフルーツとヨーグルトの2層ゼリーつくったよ
ウフフ…
おめでと〜

……
ぱく…

もぐもぐ
もぐ
……
ひとくちだけで
手つかずのお母ちゃんゼリー

…ドングリ…酒の匂いがする…
うっ…

モッチニ
おめでとうー
ガショ

うれしい？
ガショ
ガショ

あれ…昨年の秋集めたモノかな…
お父ちゃんはつみき〜
ドキ
ドキ

トリペお姉ちゃんからは
ドングリいっぱいプレゼント

83. 会話

もぐ
もぐ
もぐ
もぐ
ん？チーズほしいの？
ペコ ペコ
いいよ～ はい
半分…
あーとー

キウイの輪切り
えっ
キウイ…？
イーヨ イーヨ!!
ウン ウン
くれるの！ありがとー

84. ピアノ事変①

あれ？トリペ もうすぐピアノだけど
大丈夫？
ん〜〜…
ゴロ
ゴロ
トリペが珍しく床にずっと転がっている…
大丈夫？ ピアノ 行ける？
ん—… やめとく…
も熱出してるし… 体調わるいのかもな…
熱はなかったのですが こんなことは珍しいので お休みさせることに…
ちょっと前も お休みありましたが 病院いきましたか？
いや この間は 熱出てまして
こんなに体調崩すのおかしい!! 病院へ…!!
いや保育園児なので熱はよく出します…
確かによく発熱するトリペ。
レッスンをお休みさせるのも一苦労…
今日はなるべくねときなー
んー…
ちょ…
…と言ったのに転がってTVをみている始末…
だるい人がTVだらだら見てるんじゃないっ
ピアノも休んだでしょっ
ブツッ
消さないでよっ
本当はそんなにしんどくなかったから大丈夫なの!!
思えばこんなに怒るのも珍しい…
なに?!
それは嘘ついてズル休みっていうんだよ!! ダメじゃやんっっ
なにをモメているんだ うちの女子たちは

…なるほど…
それは絶対しては いけない…
トリペ、先生はトリペのために準備して時間をあけて待ってくださってるんだよ
先生の時間をいただいて教えてもらってるの
そうだそうだ
嘘ついてレッスンさぼってごめんなさいって今から父ちゃんと先生んとこに謝りに行くぞ
え
えええええーっっ
パクーパク
いや何もさぼったことはバラさなくてもっ ってか先生だって今こられても迷惑だろ…
…と思ったものの「そこは隠しとこうよ☆」なんて言える雰囲気でもなく…
で、そもそもピアノ行くのしんどいならムリしなくていいんだよ
小学校入ってからならもう少し練習時間とれるし それからでも
ちょ…あの…
よし それも伝えよう
そうするわ… 小学校行ってから習う…
ウム
トントン拍子☆
?!
なにーーっっ

先生に電話でアポイントメントをとり
雨の中出かけていった夫とトリペ…
な…
なんでこんなことに…
人生は時に予想もつかないことが起きる…
もとはといえば…私がちゃんと…
熱なかったんだから気にせず連れていけば…
もん
もん
いや…「しんどくなかった」と言ってた方がイレみたさのウソかもしれん…
ホラふき4歳どれがホントか分からない…
もんもんもん
んくー
ビ
※先生のお家は徒歩5分…
なんでこんなに帰ってこないの…？
夕食でもいただいてるんじゃあるまいな…
1時間半たっても帰ってこず…
あ、先生…
あの…主人とトリペが
夜分遅くまでご迷惑を…!!
お父様は厳しすぎますっ
ご両親は今時ないくらい昔気質です!!!
おーーいおーーい
!?
え…泣いてる…？
びくっ
…ちょ…ホント次々なにが起こってるの…

85. ピアノ事変②

それは さかのぼって 18時のこと…
幼児さんはウソつこうと思ってつきませんから
気にしないでくださいー
いやでももしご迷惑でなかったら直接…
ご迷惑だよ…
約束をとりつける電話で30分…
もうご飯どきですしすぐ失礼しますから玄関で…
中に入ってください
まぁまぁ
まあでは寒いですから…
わっせ
わっせ
先生、イスなんて結構です…
ヒーター…そして…イス？

ブォー～～～
ちょこん…
ヒーターもイスも…
カーッ
あっ先生のだった…
このたびはせっかくお時間つくってくださっている中ウソをついて休んでしまい失礼なことをしました…
申し訳ありません…
ごめんなさい…
イエイエ幼児さんはちょっとしんどくて嫌になっちゃうことはよくあることで…
ウソってほどでも
お父様っ私思うのですが
そもそも教育とは…

幼児とは…
その中で大人とは…
今の世は…
ゴオー
コポポ…
どうしよう…止まらない…

でもねっ
私思うんです…!!

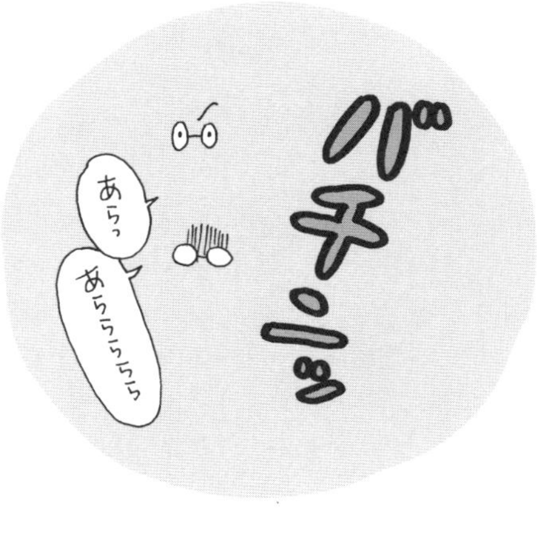
バチーン
あらっ
あらららららら

コポ…
あの…先生…おかまいなく…
ブレーカーが落ちて…
あららら

ヒーターね！
これもう消しておきましょう！

私も今でこそ甘いですが
昔はオニと呼ばれて練習を
どうしよう…終わらない…
ここらっ あくびすなっ
ふあ〜…
ぺ
最初の発言以降一言も発しておらず

86. ピアノ事変③

水そうをひたすらみている
私それからというものですね
ヒーターを消して20分…
(先生宅にきて1時間…)
ポチ
スー!!
思い返せばあの時期…
4歳の子が3人も一緒にこの教室へ入ってきて…
ブォ~
あ…先生寒くなったのですね…
私思ったんです!!
これは運命だとっ…

バチーン
えっっ?!
えっ?! どういうこと…? 停電…?
えっヒーターも消したのに…
!!
えっ誰が…?!
いや先ほどつけられてました…
イエ…ブレーカーかと…
先生です…
あの…先生ホントにおかまいなく…
ホントに…
ウィ~…
アラ…あたしヒーターつけたかしら…
…とブレーカーをあげるのがおそくなったからなのか何なのか…

あれ？いつからエアの音消えてたっけ
ウイ……ン
ぐる
ぐる
ぐる
ぐる
ぐる
プ〜カ〜〜
ひーっ
水流？でまわっている…
グッピー死んでしもうたっ
そして浮いてきたーっ
お待たせいたしました
…生きてるみたいに見える…
チラ…
ぐる
ぐる
ぐる
ハラ
ハラ
トリペちゃんのレッスン本当にっっ
やめられてしまうのでしょうか…
は…はい…
また本人がやりたくなりましたらその時に再開を…
グッピー…
ト…トリペちゃんっ
すっく

先生っ信じてるっ
トリペちゃん戻ってくるのを…
ブワッ
ガミテツッ
ばっっ…
ズルッ
ガン
!!
どさーっっ
バタン
バタン
ゴロン
おーいおーい
シーン…
わーん
もらい泣き
ぐーる
ぐーる
おーいおーい
おーいおーい
なんだこの地獄絵図…

では…本当に遅くまで…ご迷惑を…
ヨロ
ヨロ

あっ お父さん！

来年の…クリスマス会…
トリぺちゃんおさそいしてよろしいかしら…？

あっ それはナニの方向で
あっ ミミズ

87. ピアノ事変、その後

悪いことしちゃったなァ…
ごめん…トリペ…
ズキズキ
トリペ…昨日は怒りすぎてゴメン…
えっ
…昨日…
なんだっけ…怒られたっけ…
?
のけぞりっっ
えっと…あのさ…
ピアノのこと…
あーーっハイハイ
!!
そうかそうか
えっ・ホントに?!
気ィつかってんのか…?!

ヤバい…
このヒト本気で
忘れている…
あ、あのさあ…
トリペがホントは
ピアノ続けたいなら
お父ちゃんに
一緒に頼んでみる
けど…どうしたい?
ん——…
小学校入ってからで
いいわ!
また
やりたく
なったら!
あっさり
ピアノ やめました

88. 解説・トリペ

肩をすくめて

ペチペチ

手を1～2回たたいて

手を広げて見せてくれる

なんだろ…
くり返す

それ…
ボソ
モッチンの「ちょうだい」よ…

あーっ
なるほどっ

ペコ
ペコ

つうじた つうじた

いないいないばあ
も言えるように

2つ折ケイタイが
開けられるようになりました

やりたい放題…

89. いろいろできます

あいさつが達者になって
きました

あれっ
じゃあ
こっちを
通って…
ぎゅむ
リ゛だーっ
モッチニ…
みんなふまれて
いたいよ…ごめんね
は？
起きた
ぬ〜
ゆるす!!

90. 最強の武器

起きたら
よく乳幼児がみる景色…
が〜
つまらぬ
みんなまだ寝ていた…
よし
とりあえず
徘徊しよう
ぎゅむ
あだだだだ

91. 使いたい①

ギーッ
モッチン カンカン
どうした なんかキライな ものあるの？
ちがう ちがう このトンチンカンめ!!
ぐい
あ
フォーク つかいたかった のか!! すごいすごい
んぐー
手づかみ 卒業するの？

モッチンにも文明の波が…

92. よくないよ…

パク
パク
フー
保育園に行こうとしている
イーヨー
イーヨー じゃないっっ それパジャマッ

93. ナゾの基準

よくこっちへ
ひっくり返る
あぶないっ
なんでイスの上に立つのっ
すっく
なにかといえば
どこかへのぼり立っている
モッチン…
む
そ…
座っておりる
段差には用心ぶかい…
イスの上の方が
よっぽど危なかろう…
なにかあったのだろうか…
フー

94. 使いたい②

あ はいはい
ちゃ!!
!!
ベシ
そ
あー!っ あー!っ
!!
コップ!!
大惨事をさけるべく
ふたくち分くらいを
入れてみる…
おおー!っ
ごくっ
パチ パチ
パチ
パチ
むふーん
得意気…

95. うっかりデビュー

ジャンケンで負けて司会進行役
本日は保育園父母会総会
キャハハハ
ワー
ワー
バタバタ
…隣の部屋では子どもたちが集められて親を待っていた…
あれ
見はり役 トイレより帰還

バタバタ
50人以上いる…
ワー
ギャー
うちのコたち どこ…
特にモッチン…
ペシ ペシ
あっ あれだ いたいた
フー…
ペシ ペシ
なにやってんだ…?

ハッ
!!

びくーっ
モッチン
おやおや
くるり
お父ちゃん何かご用で？

チョコまみれっ
ひえええええええ

きのこの山

おそらく…誰かが
食べ残したきのこの山を
モッチンは偶然見つけて
チョコデビューをひっそり
したのであった…
（さっきの行動は他に残りが
ないか探していたと思われる）

やれやれー
いやーつかれた!!
1歳2ケ月でチョコデビューしたのバレたら怒られる…
ドキドキ
ドキ

モッチンは幸せな
1日であった…

96. 風邪？

ありゃりゃ
シュー
ぐず
ぐず
また…
モッチン40.6℃マーク！
風邪でしょう
代診の先生
水分よく取る人なのに…
グズ
グズ
風邪でこんなに出るのかな
…と昨日の診断では言われたものの
機嫌が悪いので再診…
フーム とりあえず血液検査してみて…
あっ先生！
そ

それなら血液型も一緒に
ドリペ〜
トリペの血液検査のときは泣いていた
ぎゃあああああ
エヘ
イイヨ
うーん 血液も大丈夫そうだし… ※突発やってる？
はい先月…
ぐず
ぐず
はい？
あでも突発2回やる子いるよ

※突発性発しん…高熱の後に全身に発しんが現れる感染症。
乳幼児期の赤ちゃんに多く発症する。

97. 次々と

高熱の後
きっちり発しん…
イラ
イラ
イラ

ヨレ
ギー
ギー

モッチン、やはり２度目の突発性発しんで１週間かかってやっと完治…

よく寝るし その間に 仕事しよ
ギチ
ギチ

登園許可は出たものの本調子じゃない感じなので２日ほど様子を見て

モッチーこさびしかった!!

木・金と保育園へ…

BOM!
ひぃぃぃあぁ〜

39度マーク…

なんか変な咳してる!!
本で読んだことあるっ
オウッ
オウッ
オッ

クループです
わーっ
やっぱり〜
呼吸困難にならなくてよかった〜

※クループ…声帯やのどの周りが細菌・ウイルスなどで炎症を起こす疾患の総称。

ケホ
ケホ

それから1日2回
吸入をしに小児科に通い

ゲホ
ゴホ
ガへ

私はモッチンの
風邪がうつり

うわああん
耳がいたい〜
びっくぅ

ヨロ
うっ
うっ
うっ
うっ
ヨロ
もう1ペアは吸入

2人で泣きながら
耳鼻科へ…

中耳炎で切開しましたからしばらく通院してくださいね〜
…ハイ…

ジャンケンで負けて会長
え〜

夜は父母会会議

98. ふたたび

あれから1週間… 今はトリペの吸入にきています…
もちろん耳鼻科も通ってるんですよ、ええ…
…というのも4日前 急にトリペが
咳をし出して止まらなくなり
小児科に連れていきましたら
お母さん、肺真っ白 肺炎…
咳出てすぐ来たんですよっ
ええええええ
それから1日2回吸入に通う日々…
ただいまー
もー小児科に住みたい…
ケホ
ケホ

翌日
おなかいたい… きもちわるい…
…
トリペ38℃…
トリペさん… 耳鼻科もいかなあかんのですけど…
きみたち… 治る気ないだろ…
ケソッ
ケソッ
吸入帰り
ゲヘッ
ガハッ
う゛ー

まあ風邪だとは思うんだけど日曜はさむから何かあったら救急外来へ…
入園して早4回目の血液検査…
そして日曜…
…
39.6度…
ゲフゴホ
ゲヘガハ
ちょ…
急にひどい咳し出したんですけど…まさか肺炎じゃあるまいな…
咳し出してすぐ病院いったのに一気に肺炎だった人
ハハハ
お帰り…39℃です…
ぼとり
おっぱは どこいったあ〜
Q 今月36度台と38〜40度どちらが多かったでしょう♡
39度♡
正解♡
またメンバー
増えました…
戻ってきました〜
吸入
39度

体調崩しすぎて熱出しすぎてやせちゃった…
クループ経験アリ
体力ナシ
まだ体力ある
吸入1日2回
トリペがこれやで…
肺炎だったらヤバい気がする…
き…救急外来…
よしっ
行ってみよう…
熱と咳なんかで行って迷惑じゃないかしら…
初めてなので緊張する…
あ
レントゲンとれなかったら意味ないかな…
…と思いたち 近くの初期救急電話相談にかけてみることに
!!
昨日も病院行かれてますしその状態でしたら○○病院行ってください
モッチン!!
モッチンの産まれた○○病院へ行くよっ
久しぶりだねェ
どうでもいい…
ケホ…
ぐんにゃり
明け方… 陣痛にキレながらこちらへ来て
早1年と2ケ月っスか… 早いなア…
ぐんにゃり
まさか再び訪れようとは…

走るなっ
ゴンッ☆

走りまわっている兄弟とどついている父…

出血→測定→モッチン
の順で呼ばれることに…

なんで呼ばれねーんだよー
…元気だからだ…

えっと3週間前に熱が
いやこれは長女だ
検査中
1週間分の熱型表
(下がって治るたびに捨ててしまっていた…)

あまりにも皆が体調崩すので
どっちが何日に熱を出したのか
分からなくなる始末

99. ドキドキ救急

トリアージを受けることに

ドキ
ドキ

頭うって出血してる
4～5歳のコ…

ウトウトしながら
何かを測られている子…

ベリ
ベリ

新しく買ってもらったゲームを
あけてるコ

みんなでジュースを
飲んでいる一家…

飲食禁止…

水分とれてますか?
ハイ…この子は好物は水ですから…
でもごはんを鳥のエサかくらいしか食べないのでやせちゃって…
ケヒ
ケヒ

モッチンは気管支炎…

じゃもう少し家でがんばりましょうか
病院で泣きながら点滴つけるより寝られるかもしれないし
でもなんかあったら夜中でもまた来てね

帰ろう帰ろう
いやー肺炎までいってなくてヨカッタ…
もうちょっとがんばろうモッチン

足の爪とれたって〜?
へへへ…

ぎえ〜っ
へへへじゃないよっ

救急には次から次へと
いろんな患者がやってきて

あの…救急ってどのくらいのレベルで来てもいいのでしょうか…
今回かなり迷って…
いやー心配なら変な気を使わないで来たらいいよ
小さいコは特に…

お忙しいだろうに こんな返答
いただいて ありがたかったなあ…

100. ○○系女子モッチン

バシッ
トリペ乳以外
うけつけず めちゃくちゃ
苦労をしたので
モッチンは
風呂あがりに
白湯をのませて
いたのが
功を奏したのか
……
うっくん
うっくん
水好き女子に…!!!
いやー 水好き女子で 助かった…
ずい分 やせちゃったけどね…
… 20分ごとに乳を飲まれてる
ワタシはなぜやせないんだろ…

101. これもできます

寝こんでいる間にも
できるようになったことが
はい モッチン プーンして
ふぬ——っ
出てる出てる
うまいよっ
そして
ねんね～
トン
トン
寝かしつけ
きみも ねんねするんだ…

ようやく本日そろって2人はお勤めに
(保育園)
真逆の場所に
保育園がある
つ…
つ……
つかれた…
バターーン!!!

102. 嵐が去って

モッチーン!!!
どうしてたの――っっ
寂しかったわよ――っっ
ぎゃあああああ
…休みすぎて
自分が保育園児だと
いうことを完全に
忘れていたモッチン…
トリペの肺炎も終息に向かい…
あとは
中耳炎…
肺の影はまだ
残ってるけど熱が
出なければ今週
いっぱいの薬でOK

…あの…
なんでビワの枝が
ここに…
ああ…
それは
ようやく〜
登園
した〜
あっ
そこの
お兄ちゃん
帰ってくる途中
見知らぬおばあさんに
声かけられて
今枝おとしてたとこで!
もっていきな!! ビワ!!
えっ… いいんですか…
ヨレヨレ
すぎて
気の毒に
思ってくれたのかな
なぜか
くれたの…
玄関に
いっぱいあるよ…
仕事…
落とすかと
思った…
マ…マジ
つかれた…
子ども2人同時に
病気一ケ月…
病児保育
つかうスキ
さえ
なかった…
しお
しお
病児ベビー
シッターとか
あるのか…?
うち2人共
自営だから
なんとかなったけど
会社員だったら
どうしてたの…?
祖父母?
でも遠方だし
働いてるぞ…?
ホントにいろんなことを
思ったこの1ケ月…

あのさー
他にプールを見てる子っているの？
ううん トリペだけだよ
うっ…

そっかー そりゃそりゃ… その間なにしてんの？
んー？ ヘタヘタその辺歩いてる
ヘタヘタってなんだ…

…そのとき先生は遊んでくれないよね…
うん まあ 先生も忙しいしねー

103. そうだっけ？

暑い日が続くように
なりましたが…

キャー
ハハハハハ

キャー
キャー
中耳炎

プール・水遊び・シャワー・泥あそび
オールNGのトリペです
かわいそう
うっ

104. 通じあう

モッチン そろそろ 切らなきゃね
見てるね…
……
〝爪〟が分かっている様子
あつい
あついね
にっこり
トリペえらいねー お母ちゃん トリペがもっと グズグズ言ってるかと思ったよ
ムリな時は ムリだしねェ
元気になるまで仕方ないけど それをちゃんと分かって仕方 ないなあと思ってガマンできる のエライよね〜
…ん?
キラ
キラ
お母ちゃん… トリペただ待ってる だけなのにさ…
ほめてくれて ありがとう…!!
トリペ… お母ちゃん普段
そんなに ほめてない?!

105. 収穫

リュックにビニール袋を
詰めこんで

山ほどほってくるヨ〜

今日はお芋ほり

ただいま…
フー
フー
ヨロ…

でっか…
雨もふってあつかったわ…

ホントに山ほどとってきた…

このお芋何にする?
アグー!!

アグー…?
???
豚肉…?
ほらっお芋にチーズがかかってるやつよ…

ラクレットでした…

106. いません

イライラ
ふきげんモードのモッチン
あたっ
ベシッ
ちょっとモッチン
ごめんなさいは?!
ふんぞりん
くるっ
モッチンは
いません
聞こえてません
モッチン
お母ちゃんからは
見えてるよっ

ぎゅっ

トコトコ
トコトコ

イヤイヤイヤ
モッチニ キミは まだだ
せっせ
せっせ
熱出しながら どこに行くんだ…

107. どじょ

どじょ
さっ

ほーい できたー
髪も 結べる ように…

「どじょ」と言ってモノを渡してくれるように…

何度目だ このペラ紙…
熱型表…ノートつくればよかった…
(毎回 熱が下がると捨ててしまっていた)
100人分
ヨロ
ヨロ
…
雨ふるなよ〜…
明日はワタクシ
父母会夏祭りの
係でおもちゃを
100人分運ばねば
なりませぬ…
忘れてた…
っ…
明日はトリペの保育園
夏祭りなので浴衣を
出して丈を直さねば…

108. 大丈夫

夜… 1時間ごとに乳…
しお
しお
10日ぶり… 40度…
ずーん…
プール熱
知ってると思うけど あと5日は高熱出ます
ハイ…
ずーん…

トリペー
モッチニお熱
だからさ、明日
お母ちゃんお祭り
行けそうもないや…
ごめんよ…
ん？

ケロッ
ハハハッ
あー
大丈夫 大丈夫
お父ちゃんと
行ってくるから!!
あ…
そう？…

…トリペの軽さに…私は何度
救われたか分からない…

同じ形で色ちがいの服、キイロのときは「たまごやき」白のときは「しろみ」と呼ばれていた

第4章

モッチン、卒業の夏がくる

えっ
スッ
ちょっと…
なんでそんなとこ曲がるのよ…
ちっ…もうバレタ…
え？
エヘ♡
今日予防接種だもん♡
えええええっ

109. 喜び、そして…

わっせ
今日はトリペちょっと早めにお迎え♡
あれっ早いね
今日キャベツについてた青虫とったのよ〜
そうかそうか

まあまあトリペさん!! さっさと終わらせて
アイス買いにいきましょうよ!!
えっアイス?!
意気揚々…
やったあ~
何味にしよっかな~
あー!! 予防接種受けにきたってことは元気になったかあ!!
ハハハ
ホント先月は皆大変だったもんねーっ
よかったねー
お世話になりました…
患者さんがひっきりなしでくるこの病院にて…
そんなに目立ってましたか…我が家…

いやー えらかったねー
アイス買いにいこっ
お母ちゃん…ほめてくれてありがと…
なんでこのヒトほめるとお礼を言うんだろ…
…そんなに私…普段からほめてないのだろうか…
お母ちゃん…アイスじゃなくてお菓子でもいい…?
ごく…
えっ いいよ!! 両方いいよ!!
こんなことめったにないし

えええええぇぅ
パアアアア…
ショエ～
アワ
アワ
アワ
ウロオロ
どっどうしよう!!
両方いいなんて…!!
中耳炎とか
色々大変だったし
春を謳歌したまえ…
Chupa
イチゴ味だよ!!
ん？
それで
いいの…?!
もっとでかいモノ
もってくるかと…
よかったねェ
トリペ…
うれしいなァ
うれしいなァ!!
ありがとう!!
お母ちゃん!!
…来月も追加接種あるんよ…

110. 見て！見て！

すくっ
ミ
すくっ
おー
フーン！
パチパチ
つま先立ちができるように
なりました…

111. こだわり

びっしょり…
わあああ
さっき
きがえたのにっ
とかく乳幼児は汗をかく…
1日2回シャワーしたりしても
汗もができる…
さあ
シャワー
しよう
なんでいっつも
片足あげるんだろ…
？
ぴっ

112. 言えるよ

私がとってもスキな
言葉出始めの時期が
やってきたようです…

113. 夏の悲劇

休日 友人家族の家へ
あそびにいきました

友人家族とお祭りなどで楽しみまして

さあ 帰ろうという時にトリペが…
?!
ぎぼぢわるい…
大丈夫？泊まっていったら？
？？
だ…大丈夫 あそびすぎたかなー
ハハハ…
ベビーカーあるし…
みっちり…
ベビーカー…助かったね…
^^^
元気そうだったのに急にどしたんだろ…
?
帰路2時間をヨロヨロ帰ってみれば
うっ
w.c.
だーっ
わーっ
うおえええええ
w.c.
はやくっ
はやく出てっ
洗面器

唯一の生存者
し…ん…
…食中毒でした…

みんな…ごめん… あたしが…調子にのって 水だんごなんか買ハうから…
カピ
カピ
そもそもなんだよ… 水だんごって…
…健康が遠い我が家…

モッチーン
モッチーン
モッチーン
そして1人元気な モッチンは普段とは ちがう刺激を受けて 脳が活性化したのか

オエ〜〜
イキ
イキ
イキ
ヨ…カタネ…
モッチン… おしゃべり とまらないね…
…「お母ちゃんバカね!」って言ってるのかな…

114. 悲しい夜

115. ビビる姉

116. お待ちかねの

いってきまーす
いやー ホント よかったねー
長かった…
やっと中耳炎完治… プールです!!

キャー
まがお
ハハハ
バッシャー

初プール・さすが分かってたみたいで控えめに遊んでましたヨ
フフ
エライですね
楽しんだのかな…
いえ… 多分水がこわくて 顔がつけられなかったんだと…

バチャーン!!

…それにひきかえモッチこは水がスキだなア…
キャキャキャキャ
ざっぱん
ざっぱん

117. わあ〜〜

わあ〜〜
わあ〜〜
わあ〜〜
ハイ
モッチン おにぎり
わあ〜〜
パ
最近モッチン 感動屋だよね…
ウン…
どしたんだろね…

118. バイバーイ

バイバーイ
バイバーイ
通りすぎてった…
タタタタタタ
なにしてるーっっ
コラッ
台所の柵
なにがバイバイだよっ
いよいよ目がはなせない…

119. もしかして

雨が降って少し肌ざむい
今日はちょっとさむいねー
ニりゃーマフラー巻いてかなきゃねっ
ハハハハハ!!
ハ……
ハッ
…今のはもしやトリペのギャグ…？

120. ワルッチン登場

バシッ
いたっ
コラッ
コラッ
ポイ
ポイ
ワルッチンになっています
…
ぽっーーーん…
ほらっ
ぐんぐん
こげーーっっ

うわあああん
ちょっ
モッチン何よっ
危ないでしょっ
お姉ちゃんをとられるし
自転車うらやましいしで
複雑なキモチなんだろね…

121. 覚えてる

いない いなーーい
ばあっ
カーイー
ん？

いない いなーい
ばあっ
カーイー!!
パチ パチ
かわいーー
バーー
保育園で言ってもらってるのかなー
ほっこり
パチ
パチ パチ

122. 大忙し

パカ
どじょ！
どうも
どうも

どじょ
どじょ
げっ
あっ
パシャ
もーっ
ふき
ふき
モッチンは最近
とても忙しそうだ…

トリペは… ビニールプールで

ばっ
しゃばっ しゃばっ
チャプ…

父ちゃん! 顔つけできたのよ!!

キリッ
父ちゃん決めたわ… プールの選手になる!!
はやいな

123. 夏休み

おじいちゃん おばあちゃんちへ
行きました

虫をとったり

花火をしたり

124. モッチン画伯

※「せんせい」がスキです
ピキ
シカーッ
フー
画伯 ごはんなんですけども…
お忙しいとこすみません…
聞いてない…

※せんせい…文字や絵を何度も描いては消せるおもちゃ

いつまでたっても出てこないので
回収されるモッチン
冷える
ざぱっ

アスパラのチーズ焼つくったヨー
お父ちゃんごはん
ぱくっ
!!
ポロ…
ビシッ
あ…バッテンつくって怒ってる…
ひょうきん族か…
あっこれコショウ入ってたんだ

125. NGです

ぞーうさん
ぞーうさん
ぞうさんの歌がスキで歌うとクルクルおどる
ちょーう
ちょ
ぎゅっ
さっ
ぞーうさん
ぞーうさん
さーいたー
さーい!!
ぎゅっ
さっ
例外は認めず

126. バイバイ

おっぱ〜っっ
トリペは乳好き（食いしん坊）であった…
ある程度飲むとやめてしまう
フィ
あ…もういいの…
モッチンはトリペに比べると
固執が少なかったように思える
もう…出ぬい…
※ただ病時の絶対神ではあった…
そんなこんなのモッチン乳生活であったのですが
1歳半になったので
断乳をすることに…
おっぱいにバイバイさせて
犬を描いてください
犬…
今回通っていたおっぱい先生は
トリペの時とちがう先生なので
断乳方法もちがう…

コツは乳首を黒くぬりつぶすことっ
マッキーでね!!
これだけはしっかりやって!!
…お母さん側が心折れて途中で
断乳をやめてしまうのも防ぐとか…
さて決行日です…
最後のおっぱいだからねーよく飲みなー
大変なこといっぱいあったけど私授乳スキだったなあ…
えっ
スッ

えっ…モッチン大丈夫?
バイバイよ?おっぱい!!
ウン
バイバイ
これで最後よ?!
分かってるのかな…
バイバイ
よしっバイバイしてるんだ!!
バイバイじゃいっっ
キュ キュ
バーン
どこがアレかはお分かりか
モッチンおっぱいちゃんはワンワンになりました
バイバーイ!!
ハイ
今まで飲んでくれてありがとうございました!!
びらっ
あっけ…
…バイバイ…
ワンワ…
…とこの場はとりあえずワンワンになってしまった乳を見つめていたモッチン…

…あ……
ワニワニ…
…思い出していただけましたか…
ぱいバイバイだねーーっっ
モッチンえらいなァー
お姉ちゃんで!!
ワニワニになっちゃったもんねー
……バイバイ……
…その朝の「ぱい」がモッチンの
発した最後の「ぱい」になり…
ギャアアアア
あわわ
起きたじょー
うっかり飲まれないようブロック
ハイヨ〜
モッチンどこー
メガネせんかっ
そっちじゃないっっ
水
夜泣きを何度しても
そして保育園に行く時間…
いってきまーす
バタ
バタ
バタ
そうだそうだ
おっ
やはり覚えてナイ…
ぱい
いつも登園前に
ひとくち飲んでいく
パ〜ン
再び…

そして母体の方ですが

岩じゃあー
うわーん いたーいっ
ガチ
ガチ
こういうのは なかったですねー
前回のような…
ハイしぼりましょうー!!
そうなの おっぱいも学習してるからね

ひーっ
← 出すぎてやせた

1人目のときは「ありったけ出すぞー!!」となってても

えっ
こんなもんでしょ
あー知ってる知ってる

2人目のときは必要量が分かってるのよ…

※.あくまで私のおっぱい先生の見解です

あっ心が折れかけてる…
がんばれっ

ぐずることがあっても

すごい…がんばってるよモッチニ…!!
食欲がおちている…

何があっても「ぱい」とは言わず…

夜中起きる回数もだんだん減り…

んぐ
んぐ

ハッハッ
飲んでる時はめちゃくちゃ喜んでいた…
…

…この断乳後の乳を見るまなざしが記憶を失った瞬間を確認するようでものすごくさびしい…

あっ お母ちゃんの おっぱい…

あーあって なっちゃったねー
ハハハハ

…だから やせないでしょ…
ズ…ン
はい…

現実は厳しい…

ばっ

モッチンが乳を全くほしがらなくなったので一緒に風呂に…

127. 変わる流行

最近のヒット曲は「犬のおまわりさん」

…だからどうしてつまむの

128. アバレッチン

ぎゅー
いたたたたっ
きゃーーっ
奇声
バシッ

コラッ
ワルッチンめっ
ふーん
定期的にやってくるアバレッチン…
ごめんなさいの練習だーーっ
おいでっ
バーン
バーン
ふーーん
全然 おだやかなヒトじゃなかった モッチン…
ただよく寝てただけ…

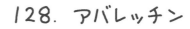

129. 予告

言葉がふえてきました

トリペな日々

久々の発熱です…

やさしいのお〜〜

130. 断固として

ダメじゃないし ごめんなさいも
する必要はない、そうモッチンは
申しております

131. マイブーム

指を見つけてしまったか…
チュー
チュ
生後2ケ月からしている指しゃぶり…
枕の余ってるはじっこ布
布を巻きつけてするのがお好みの様子
…
布団とはなれている時は枕がいないので
ンー…
それは…ムリだろう…

枕カバー返し部分
布団が入りきれてないカバー部分
ぴらぴら
← 命名
うすい布部分が大スキなモッチン
ハイ
ぴらぴら
親切…
ウニウニ
モッチンはみんながぴらぴらが好きだと思っている…

132. 夜の女王

夜中3:00… フト目が覚める…
ゴソ
ゴソ
?!
暗い…中で…活動してるヤツがいる…
すっく

仁王立ち…
じ…
え…なに…
…モッチン…ねんねだよ…
おきてたのかっ
ううん
フル
フル
ううんじゃないよっ

134. 覚えました

133. 期待と落胆

バーン
朝
おにぎりっ
いや今日はパンだよ…
朝から元気だね…
寝室から飛び出してきた…
……
じっとり…
あ…っ すごい顔…

もぐ もぐ
カワ
あ…カワだね… もう知ってるの 〝カワ〟を…
にぎ にぎ
おいで〜
便利なのを覚えたね

135. ハッ…

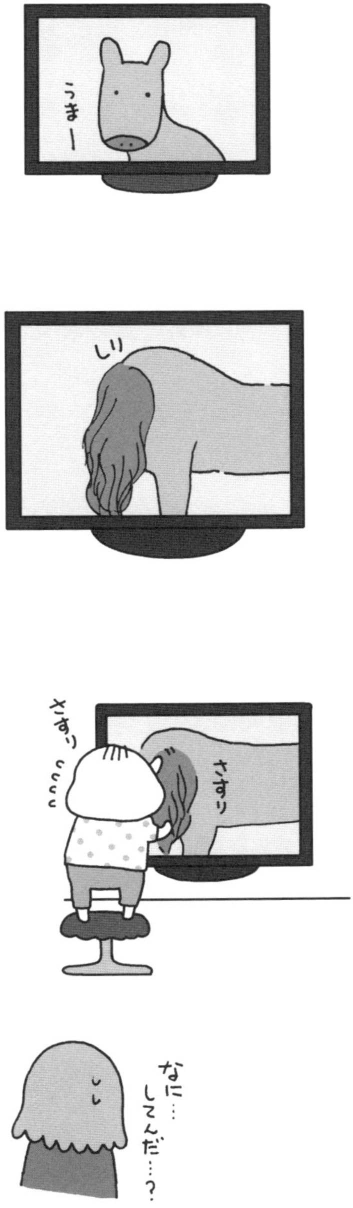
うまー
しり
さすり
さすり
なに…
してんだ…?

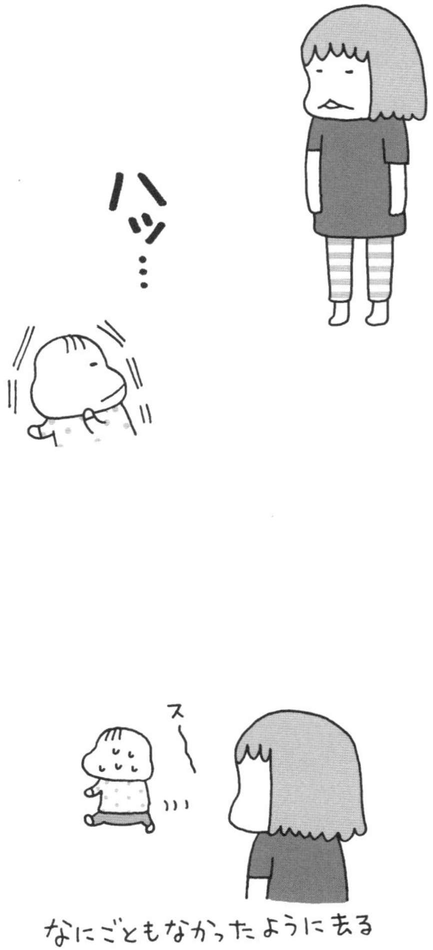
ハッ…
スー
なにごともなかったように去る

136. まねっこ

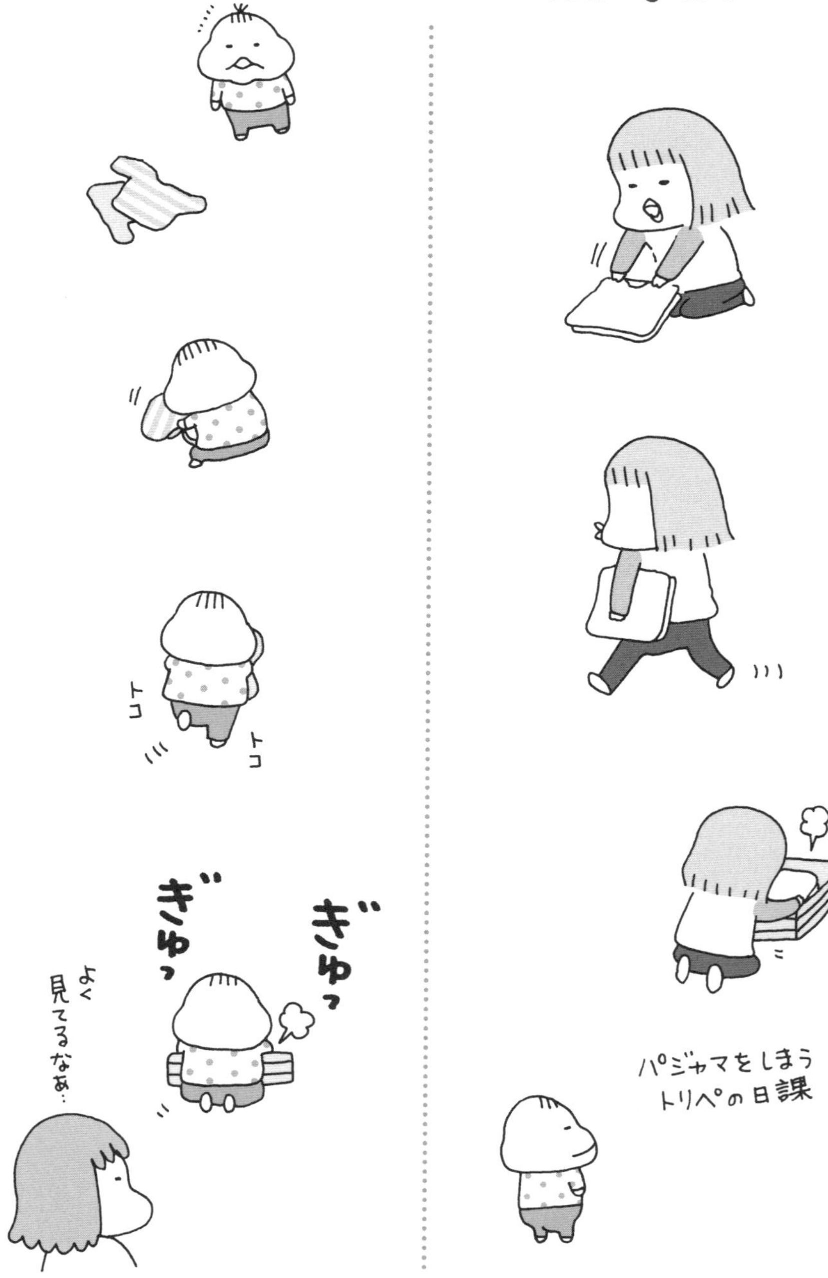
パジャマをしまう
トリペの日課
トコ
トコ
ぎゅっ
ぎゅっ
よく見てるなぁ…

137. モッチン大活躍

昼も夜も忙しいモッチン

おにぎりを にぎって
卵をキレイにわれる
ようになりました

うしろとびもできる
ようになりました

字もかけるように
なりました

138. あこがれの5歳

あぁーっ これで5歳だーっ
5歳 あこがれてた んだよねー

5歳です

いやー めでたいね… 誕生日何 食べたい?

ハム

おめでとー

5歳はお料理をがんばるそうです

げへっ
ごぞっ
がはっ

…さあ今日も吸入にいこうか…
げふっ
ごへっ

5歳の1年…健康であれ!

ぎゃはははっ
トリペがつくった紙しばい全然読めないーっ

モッチンの面倒もよく見てくれます

プールも5秒もぐれるようになりました

おまけのおはなし

実はワタクシ…

今頃、トリペも
あれに乗ってるんだろな…
ごめん!!トリペ…!!
うわーん…
ぶわっ
私が仕事なんか
しなけりゃベビーカーに1人で
快適に…!!

あの車を見るのが苦手だったのです…

えー
あれすごくおもしろいんだよー
えっ

トリペ立っちできてない時期は座ってるからさ
中の方で…
見えるのはお空とちょっとの木なの
で、立っちできるコいいなあって思ってて

やっと立っちできた時は
うれしかったなあ…

フワ…

風はふくし いろんなもの
見えてステキなんだよ…

…公園のあとは疲れてるから座って帰れるし…
あの車見えた時はワクワクしてたんだー
それあの時のお母ちゃんに聞かせてあげたいよー

大人(周り)が感じてることと
子(本人)が感じてることはちがうんだなあ

おわりに

春に少し慣れたころ。毎年読者さんからメッセージをいただきます。

「トリペとの新刊、そろそろ出ますか?」と。

待っててくださっている方がいらっしゃるんだなあと思うと、とてもうれしく思います。

1年に1冊というゆるゆるペースで刊行させていただいているため、現実の姉妹は、5年生と1年生になりました。

そんないっぱしの「お姉さん」になった彼女たちをたくましく感じながら、今年も連絡帳やその当時のメモをみながら記憶をたどりました。

保育園の連絡帳には「今日も高熱」「○○病院へ」と病気日記のような毎日がつづられ「ああ、本当に大変だったなあ」と昨日のことのように思い出します。

小さい彼女たちを手元から放し、仕事をするという選択の葛藤も、何度何度も繰り返しています。

私が今回最後のエピソードに保育園のお散歩車について描いたのは、本人であるトリペが大きくなり、あの頃悩んでいたことを、簡単に払拭してくれたからです。

当時保育園に預けることを「かわいそうじゃない? そんなに早く預けるなんて」と知人に言われることが何度かありました。そのたびに私はしょんぼりしながらも「他所《よそ》の人から勝手にかわいそう、と押しつけられるのはつらいなぁ」と感じていました。

と同時に、保育園のお散歩車を見かけるたびに、トリペもあれに乗ってお散歩にいってるのかな。窮屈じゃないかな…

などとかなしくなったりもしていたのです。

小学生になったトリペが、あのお散歩車をみて「あー、あれは本当に楽しかったなあ」とつぶやいたとき、「ああ、私も変わらなかった。自分の感情を勝手にトリペに押しつけていたのだなあ」と気づきました。

愛情にも器があり、その形や大きさは人それぞれちがって。

親だから、家族だからといって、確実にその子に適した愛情があげられるとは限りません。

私は2人が大好きだし、彼女たちがのぞむ、ぴったりの愛情をいつもあげられたらと心から思いますが、それは親子間とはいえ別の人間なので、なかなかむつかしいことなのです。

だから彼女たちが、小さいときからいろんな形の愛情をもった大人たちに出会えたことはとてもありがたいことだったなあと思います。

もちろん、保育園なんかいきたくない、お家にいたい! と思ったことも何度もあったでしょう。でもそれと同じくらい保育園楽しい！　お迎えはやすぎる！　と言っていたことも思い出します。

自分がいつ大人になったのか。実際なれているのか分かりません。
そのとき一生懸命でも、あとで思い返したらちがう対応ができただろうに。そう思うこともたくさんあります。
人間を育てるのは大変です。でもたくさんの人たちと一緒に育てることができたら、自分がまちがってしまったとき、きっと誰かが「こうするのもいいよ」と手を差し伸べてくれるのではないでしょうか。
親になったばかりの頃、誰かの力を借りることがうまくできなかったりしました。
出産してたった数ヶ月。分からない・慣れないことだらけなのに「親」という言葉と責任の重さに「この子の全てのことを自分が完璧にしなくてはならない」と自分自身で育児をがんじがらめにしてしまっていた気がします。でも、子どもが大きくなってきた今だからこそ思うのです。
自分がみえてなかっただけで、いろんな優しさをもった人が助けようとしてくれていたんだなあと。
今なら、あのときの自分を、あの頃より少し余裕をもって助けてあげられただろうな、大丈夫だよって言ってあげられただろうな、と思うのです。
子育て真っ最中で大変な毎日を送る方の傍らに、手助けをしてくださる方がいらっしゃいますように、と願います。
どこかでチビコやチビタくん連れに出会えたとき、自分がもらってきた周囲からの笑顔を少しでも返せたらいいなと思います。
手を借りるのは、わるいことじゃありません。子どもがかわいそうでもありません。
いろんな人の手を借りて、親子共々笑顔が増えるのなら。それはうれしいことなのではないのかな、と思います。

今年、モッチンも保育園を卒園しました。
トリペとモッチン、ふたりをいろんな保育園の先生がかわいがってくれました。
何度も何度も抱っこしてくださり、時には夫婦で叱られたり。本当にお世話になりました。心から感謝をしています。
きっと先生方のことは、私たち夫婦、ずっとずっと忘れないと思います。

最後になりましたが、大変お忙しい中、羽海野チカ先生がとても素敵なイラストとコメントをくださいました。飛び上がる程うれしかったです。こんな帯をつけて本屋さんに並ぶことができて、トリペと6巻、幸せです。
そしていつものように有能な編集Yちゃん。
アシスタントに新メンバーMちゃん。
夫とトリペとモッチン。本当にありがとう。
手にとってくださった皆様、心から感謝申し上げます。

２０１６年　春　コンドウアキ

トリペと6

てんてこしまい

コンドウアキ

キャラクターデザイナー・イラストレーター・作家。
文具メーカー勤務を経て、フリーに。
「リラックマ生活」「リラックマ4クママンガ」シリーズほか、
「うさぎのモフィ」「おくたん&だんなちゃん」など
著作多数。

HP http://www.akibako.jp
twitter @kondo_aki
Instagram
http://www.instagram.com/akikondo_insta/

著　者　コンドウアキ
編集人　殿塚郁夫
発行人　永田智之
発行所　株式会社主婦と生活社
〒104-8357　東京都中央区京橋3-5-7
編　集　03-3563-5133
販　売　03-3563-5121
生　産　03-3563-5125
ホームページ　http://www.shufu.co.jp
印刷所・製本所　図書印刷株式会社

デザイン　コムギコデザイン
彩色アシスタント　上坂麻樹
編集　吉川理子
Special thanks to TORIPE & MOCCHIN

Printed in JAPAN
ISBN 978-4-391-14866-4

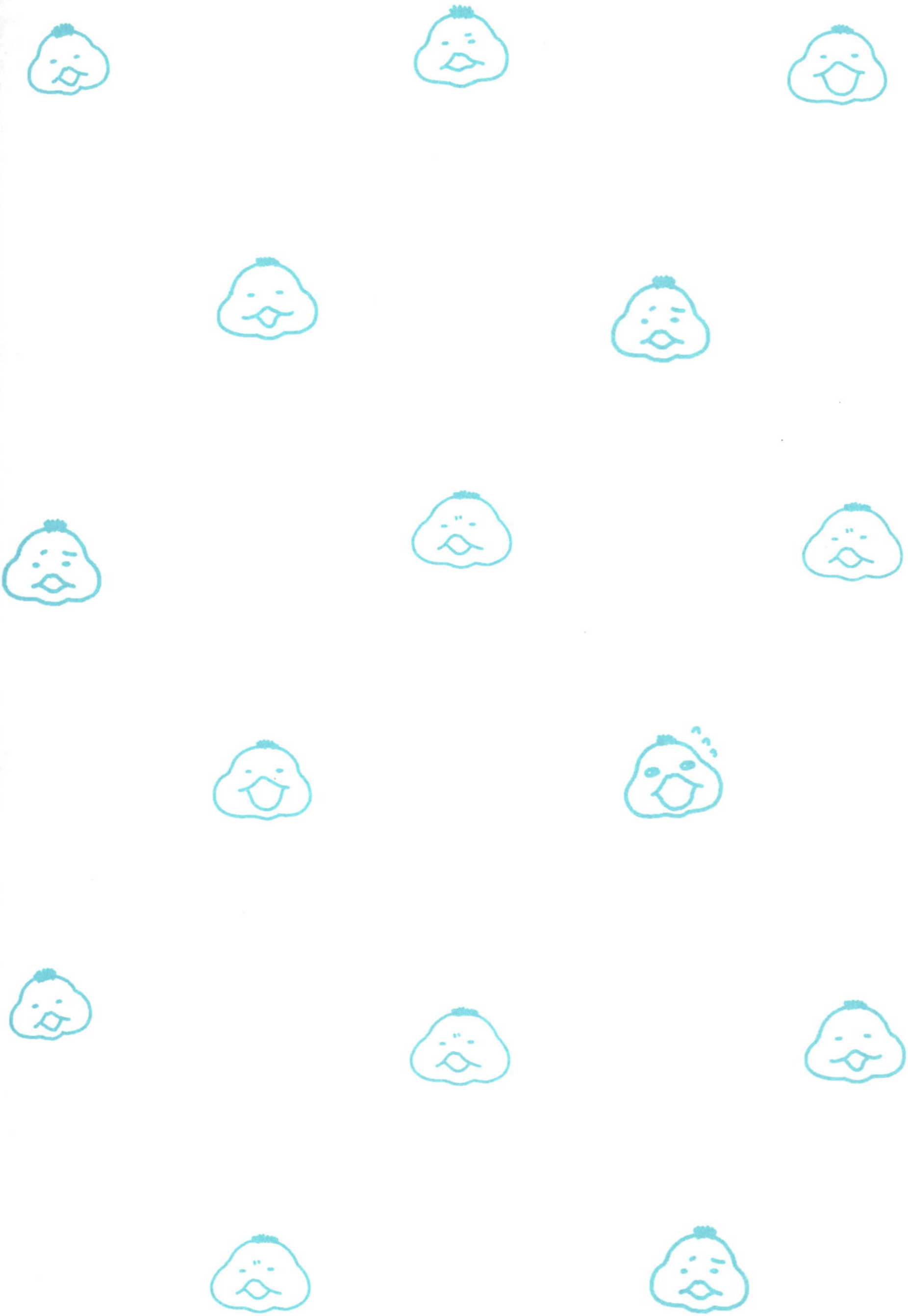